BEI GRIN MACHT SICH IHR WISSEN BEZAHLT

- Wir veröffentlichen Ihre Hausarbeit, Bachelor- und Masterarbeit

- Ihr eigenes eBook und Buch - weltweit in allen wichtigen Shops

- Verdienen Sie an jedem Verkauf

Jetzt bei www.GRIN.com hochladen und kostenlos publizieren

Tanja Oexler

Make-or-Buy-Entscheidungen in Industriebetrieben

GRIN Verlag

Bibliografische Information der Deutschen Nationalbibliothek:

Die Deutsche Bibliothek verzeichnet diese Publikation in der Deutschen National-
bibliografie; detaillierte bibliografische Daten sind im Internet über http://dnb.d-
nb.de/ abrufbar.

Impressum:

Copyright © 2008 GRIN Verlag GmbH
Druck und Bindung: Books on Demand GmbH, Norderstedt Germany
ISBN: 978-3-640-24535-2

Dieses Buch bei GRIN:

http://www.grin.com/de/e-book/120384/make-or-buy-entscheidungen-in-industrie-
betrieben

Studienfach Rechnungswesen / Controlling

Hausarbeit zum Thema
„Make-or-Buy-Entscheidungen in Industriebetrieben"

11.08.2008

Inhaltsverzeichnis

Abkürzungsverzeichnis

bzw.	beziehungsweise
EuF	Eigenfertigung und Fremdbezug
F&E	Forschung und Entwicklung
ggf.	gegebenenfalls
MoB	Make or Buy
RHB	Roh-, Hilfs-, und Betriebsstoffe
RT	Rapstrenner
u.a.	unter anderem
vgl.	vergleiche
z.B.	zum Beispiel

Abbildungsverzeichnis

1 Einführung zum Thema Make-or-Buy in Industriebetrieben

Betrachtet man die aktuelle wirtschaftliche Lage – geprägt durch den immer größer werdenden Konkurrenzdruck, kurzlebigere Produktionszyklen und zunehmende Globalisierung der Märkte – ist die Wettbewerbsfähigkeit eines Unternehmens auf Dauer nur dann gewährleistet, wenn es flexibel und kostengünstig auf die ändernden Marktbedingungen reagieren kann.

In Bezug auf die Fähigkeit des wirtschaftlichen Überlebens muss sich der Unternehmer u.a. mit der Frage auseinandersetzen, ob es lukrativer ist, Produkte in Eigenregie zu fertigen oder gewisse Produkte fremd zu vergeben. An dieser Stelle führen die Überlegungen von der Wettbewerbsfähigkeit direkt zu der Problematik der Entscheidung: Eigenfertigung oder Fremdbezug?

Es spielt dabei keine Rolle, ob es sich um die materielle Herstellung von Gütern, Dienstleistungen oder den Fremdbezug von Forschung und Entwicklung handelt, die Make-or-Buy-Entscheidung ist in sämtlichen Bereichen anzutreffen. Aufgrund der essenziellen Tragweite solcher Entscheidungen ist es von wesentlicher Bedeutung für den wirtschaftlichen und existenzsichernden Erfolg der Unternehmung, die Entscheidung bestens zu fundieren.

Anhand dieser Arbeit wird die Fragestellung *„Make or Buy in Industriebetrieben"* erörtert und ein genereller Überblick über die wesentlichen Gesichtspunkte dieser Entscheidung vermittelt. Ein Fallbeispiel soll die beschriebenen theoretischen Ansätze praktisch stützen und verdeutlichen, inwiefern qualitative sowie quantitative Kriterien in der Entscheidungsfindung eine Rolle spielen.

2 Wesentliche begriffliche Klärungen

2.1 Charakterisierung des Begriffs „Make-or-Buy"

Der englische Ausdruck „Make or Buy" wörtlich in das Deutsche übersetzt, bedeutet „Machen oder Kaufen". Geht man dem Sinn dieser Aussage nach, so ergibt sich eine Formulierung, die soviel wie das Selbermachen oder das Zukaufen aussagt. Abgezielt wird dabei auf das Treffen einer unternehmerischen Entscheidung hinsichtlich einer bestimmten eigenen Leistung oder Übertragung der damit verbunden Aufgaben auf einen Dritten.

Eine derartige Entscheidung beinhaltet zwangsweise ein unvermeidliches unternehmerisches Risiko oder dessen Übertragung auf den Marktpartner, der die entsprechende Leistung zu erbringen hat (vgl. Männel 1973: 25).

„Make" und „Buy" stellen die beiden Bereitstellungswege für die in einem Unternehmen benötigten Güter und Dienstleistungen dar.

Dabei bezeichnet „Make" die Erbringung von Leistungen, für die bei der Erstellung von Gütern auch der Begriff Eigenfertigung gebräuchlich ist. Wogegen

„Buy" für den Bezug von Leistungen auf dem Markt, dem Fremdbezug, steht

(vgl. Mikus 2001: 16).

2.2 Unterschiede zwischen Eigenfertigung und Fremdbezug

Bevor sich eine betriebliche MoB-Entscheidung überhaupt stellt, müssen für die beiden Handlungsalternativen entsprechende Voraussetzungen gegeben sein. Welche Entscheidung letztendlich die günstigere ist, kann nicht allgemeingültig entschieden werden, sondern hängt von vielen Faktoren ab und ist in der aktuellen Situation gründlich zu überprüfen (vgl. Jung 2004: 309).

Die Eigenfertigung (Make):

Voraussetzungen: Produktionskapazität, finanzielle Mittel, Know-how,

Einsatzgüter und -leistungen, rechtliche Zulässigkeit,

keine Lieferabnahmeverpflichtungen

Der Fremdbezug (Buy):

Voraussetzungen: Beschaffbarkeit der Güter und Dienstleistungen

in der benötigten Qualität, Menge und zum gewünschten

Zeitpunkt.

Liegen die dargestellten Voraussetzungen vor, so kann auf dieser Basis die MoB-Entscheidung vorangetrieben werden. Bevor jedoch die einzelnen Anlässe und Gründe für die entsprechende Alternative erläutert werden können, sind die wichtigsten Unterschiede herauszustellen. Diese sind vorrangig kostenmäßiger, finanzwirtschaftlicher, kapazitätsmäßiger und qualitativer Natur.

In der Literatur und Praxis bestehen divergierende Auffassungen, ob unter **Kostengesichtspunkten** die Eigenproduktion oder der Fremdbezug zu bevorzugen ist (vgl. Männel 1981: 41 ff.).

Für die Eigenfertigung als kostengünstigere Variante spricht:

* Einsparung der Gewinnzuschläge von Lieferbetrieben
* steuerliche oder andere Vergünstigungen im eigenen Unternehmen

- verhältnismäßig günstigere Löhne im eigenen Betrieb
- langjährige Erfahrung im Bereich rationeller Fertigungsverfahren

Für den Fremdbezug als kostengünstigere Variante spricht:

- geringere Verwaltungskosten der Zulieferer
- sehr günstige Importmöglichkeiten
- Produktion mit gebrauchten Anlagen => Nutzung geringerer Kosten
- spezialisierte Hersteller

Betrachtet man die *finanzwirtschaftlichen Aspekte* (s. Abb. 1) werden weitere Unterschiede zwischen den beiden Alternativen „Make or Buy" deutlich. So ist der Kapitalbedarf für das Anlagevermögen bei Eigenfertigung meist höher, da spezielle Räumlichkeiten sowie Anlagen oder Betriebsmittel angeschafft werden müssen, während bei Fremdbezug der Kapitalbedarf weitgehend entfällt (vgl. Männel 1981: 45 ff.).

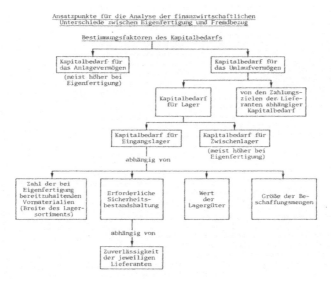

Abb. 1: Ansatzpunkte für die Analyse der finanzwirtschaftlichen Unterschiede zwischen Eigenfertigung und Fremdbezug. - Quelle: Männel 1981: 47.

Kapazitätsmäßige Unterschiede werden vor allem dann deutlich, wenn durch den Wechsel von der Eigenerzeugung zum Fremdbezug regelmäßig ein Kapazitätsfreisetzungseffekt erzielt wird, der für vollbeschäftigte Betriebe das ausschlaggebende Motiv für das Ausgliedern von Teilfunktionen ist. Das Ausmaß des Effekts hängt von den daraus

resultierenden Einsparungen bei Maschinenbelegungszeiten bzw. Bearbeitungszeiten des Personals ab
(vgl. Männel 1981: 48 f.).

Allein stück- oder periodenbezogene Vergleiche der Kosten der Selbsterstellung oder des Fremdbezugs reichen aufgrund **qualitativer Unterschiede** nicht aus. So ist eine Eigenfertigung effizienter, weil die Qualität der betreffenden Güter in eigener Regie sorgfältiger kontrolliert und damit dem Streben nach Sicherung gleichmäßiger Qualität besser gerecht werden kann.

Während Fremdbezug insbesondere dann lohnend ist, wenn spezialisierte Zulieferer von Standard- oder Normteilen vielseitige Qualitätsvorteile bieten, weil sie leistungsfähigere Produktionsmittel einsetzen können
(vgl. Männel 1981: 49 ff.).

2.3 Outsourcing

Outsourcing ist ein Begriff, der aus dem amerikanischen Wirtschaftsleben stammt und zunächst nicht mehr als eine Wortschöpfung darstellt – entstanden aus *„Outside Resource Using"*. Es bezeichnet die Nutzung außerhalb des Unternehmens liegender Ressourcen und beinhaltet die Verlagerung von selbst durchgeführten Leistungen auf externe Dienstleister. Vergleicht man den klassischen Make-or-Buy-Begriff mit Outsourcing, so stellt letzterer nur eine Teilmenge dar. Während die MoB-Problematik eine Entscheidung über Eigenfertigung oder Fremdbezug umfasst, beschäftigt sich Outsourcing nur mit der Verlagerung bisher intern durchgeführter Dienstleistungen wie z. B. kaufmännische, technische oder andere Leistungen. Der prägnanteste Unterschied jedoch ergibt sich aus der zeitlichen Darstellung: Make-or-Buy-Entscheidungen können bereits in der frühen Phase der Produktentwicklung getroffen werden, wobei Outsourcing-Überlegungen stets ein „Make" voraussetzen (vgl. Lachnit et al. 1998: 233).

3 Make-or-Buy in diversen Betriebsbereichen

Wie eingangs dargestellt, lassen Eigenfertigung und Fremdbezug verschiedene Bereitstellungswege von Produkten und Leistungen erkennen. Es können grundsätzlich Leistungen auf jeder Stufe und an jeder Stelle des betrieblichen Prozesses sein. Die Anzahl der möglichen Güter, die Anlass zur Wahlentscheidung geben können, ist schwer überschaubar. So kann es sich um Produkte, Teile, Material, wie RHB-Stoffe, Norm- und Einbauteile, Aggregate, Büromaterialien, Maschinen, Werkzeuge, Energien usw. handeln (vgl. Berlien 1993: 63).

Zur Verdeutlichung der EuF-Entscheidung in den einzelnen Betriebsbereichen soll ein Industrieunternehmen betrachtet werden. Besonders bei der industriellen Herstellung sind folgende Gesichtspunkte stark ausgeprägt und daher die Make-or-Buy-Alternative von großer Wichtigkeit (vgl. Niebling 2006: 18).

> Internationalität von Beschaffung und Vertrieb
> starker Wettbewerbsdruck zwischen den Herstellern
> starker Wettbewerbsdruck zwischen den Lieferanten
> hoher Stand der Technik und Innovation
> Innovationsvorsprung ist Wettbewerbsvorsprung
> starker Zeitdruck
> hohes Kostenniveau der Techniker und der Beschäftigten im Produktionsbereich

3.1 Produktionsbereich

In Industriebetrieben mit komplexen mehrstufigen Fertigungsprozessen, in denen eine Vielzahl von Produktarten hergestellt wird, nimmt die MoB-Entscheidung im Produktionsbereich eine elementare Bedeutung ein. Bei den Objekten der Leistungserzeugung kann es sich um sämtliche für die betriebliche Leistungserstellung (s. Abb. 2) benötigte Produktionsfaktoren handeln
(vgl. Mikus 2001: 19).

Abb. 2: Erscheinungsformen der Wahl zwischen Eigenfertigung und Fremdbezug im Produktionsbereich. - Quelle: Männel 1981: 9.

Die *Arbeitsleistungen* der einzelnen Fertigungsvorgänge werden im Regelfall durch eigene Mitarbeiter bewältigt, können aber auch durch fremde Arbeitskräfte verrichtet werden, was auf vielfältige Art und Weise geschehen kann. Einerseits, indem man externes Personal durch den Abschluss langfristiger Verträge mit anderen Betrieben einsetzt oder durch Personal-Leasing innerhalb der eigenen Unternehmung. Andererseits ist es aber auch möglich, dass viele Betriebe bestimmte Arbeiten an fremde Heimarbeiter geben oder von Lohnfertigung außer Haus Gebrauch machen.

Von großer praktischer Bedeutung für die Produktion sind die für den Absatz benötigten *Stoffe und Waren*. In diesem Fall ist eine weitere Differenzierung notwendig, denn die

8

Wahlmöglichkeit zwischen dem Selbsterstellen und dem Kaufen kann sich nur auf verhältnismäßig kleine Teile des betreffenden Endprodukts beziehen sowie auf wesentliche Bestandteile des Erzeugnisses oder in Grenzfällen sogar auf das ganze Fertigprodukt.

In Bezug auf die Bereitstellung und Unterhaltung von *Betriebsmitteln* stellt sich die Frage Eigenfertigung oder Fremdbezug in der Praxis sehr häufig. Die Vielzahl der Industriebetriebe muss zwar ihre benötigten Maschinen, Apparate und ähnliche Betriebsmittel von anderen beziehen, dennoch ist die Wahl zwischen Kauf und Selbsterstellung nicht außer Acht zu lassen; insbesondere unter den Aspekten der Ersparnis von Transportkosten, der schnelleren Fertigstellung und der besseren Kenntnis der eigenen Betriebsverhältnisse. In Anbetracht von Werkzeugen, Vorrichtungen, Betriebs- und Geschäftsausstattung, Modelle, Schablonen, Formen und dergleichen, die ebenfalls zu den Betriebsmitteln zählen, ist die Make-or-Buy-Entscheidung noch exorbitanter.

Für größere Industriebetriebe von Bedeutung ist weiterhin die Bereitstellung von *Energien*. Denkbar wären die Errichtung von eigenen Kraftwerken sowie die Nutzung von der in der Produktion als Nebenprodukte anfallenden Gasen und anderen Stoffen (vgl. Männel 1981: 8 ff.).

3.2 Forschung und Entwicklung

Technische Innovationen und schnelle Umsetzung von Forschungsergebnissen in Produkte werden als die elementaren Kernbereiche eines zukunftsfähigen Deutschlands gesehen. Die unternehmerische Forschung und Entwicklung ist eine der tragenden Säulen der deutschen Wirtschaft, da durch Einsatz neuer, ökonomischer Produktionsverfahren sowie Neu- und Weiterentwicklung von Produkten das wirtschaftliche Überleben im Rahmen globaler Konkurrenz gewährleistet ist. Studien legen dar, dass es relativ selten Unternehmen gibt, die ohne eigene F&E erfolgreich wirtschaften. Dennoch zeigt der Trend, bedingt durch fehlendes Know-how, Fachkräftemangel, steigendem Kostendruck, schnellem technischen Fortschritt und der Spezialisierung der Wirtschaft in Richtung Auslagerung der F&E-Aktivitäten, indem diese Tätigkeiten an andere Unternehmen und Forschungseinrichtungen etc. vergeben werden
(vgl. Brem 2007: 1).

3.3 Sonstige Bereiche

Neben dem Produktionsbereich können von der Make-or-Buy-Problematik alle Unternehmensgebiete betroffen sein, in denen sich die Frage stellt, ob Leistungen in Eigenregie erbracht oder anderen Unternehmen übertragen werden sollen. Untenstehende

Darstellung liefert ausgewählte Beispiele zum Thema Make-or-Buy in sonstigen Bereichen (vgl. Olfert 2003: 311 f.).

Vertrieb	• Eigene Werbeabteilung oder Inanspruchnahme einer Agentur? • Eigener Kundendienst oder Kundendienst über Fachhandel?
Finanzen	• Eigenes Mahn- und Inkassowesen oder Einschaltung einer Factoringgesellschaft?
Verwaltung	• Eigene Kantine oder Bezug von Großküchen? • Eigene Organisationsabteilung oder Einschaltung externer Berater?
Beschaffung	• Einstellungen über eigenes Personalbüro oder Personalgesellschaft? • Eigenherstellung oder Kauf von Anlagegegenständen?

4 Entscheidungsanlässe und Gründe für Make-or-Buy

4.1 Transformationsanlässe

Das erstmalige Auftreten einer Make-or-Buy-Entscheidung ist bereits bei der Gründung einer Unternehmung anzutreffen. Im weiteren Zeitverlauf können generell zwei Situationen bei der Wahlproblematik entstehen. So erfordert ein neu oder zusätzlich auftretender Bedarf die erstmalige Festlegung des Bereitstellungsprozesses. Wird dagegen schon ein Weg beschritten, so kann über dessen Fortführung bzw. Wechsel entschieden werden sofern dieser als unvorteilhaft erscheint (vgl. Mikus 2001: 33).

Ist die Entscheidung einmal getroffen, so sollte diese durch Vergleichsrechnungen stetig überprüft werden. Ein Wechsel der Versorgungsart kann durch folgende, bestimmte Entwicklungen herbeigerufen werden.

4.1.1 zur Eigenfertigung

➢ Auslauf von Lieferantenverträgen
➢ Steigende Nachfrage nach den Produktionsgütern des Unternehmens
➢ Preissteigerung bei Lieferanten
➢ Unterbeschäftigung im eigenen Betrieb
➢ Lohnende Eigenproduktion durch neue rentable Verfahren
  (vgl. Berlien 1993: 74)

4.2.1 zum Fremdbezug

➢ Preissenkung bei Fremdbezug
➢ Knappe Finanzmittel in der Unternehmung
➢ Vollbeschäftigung im eigenen Betrieb
➢ Außerordentlicher Kostenanstieg bei Eigenfertigung

> Konzentration auf Kernkompetenzen (vgl. Berlien 1993: 73)

4.2 Gründe für Eigenfertigung oder Fremdbezug

Die wesentlichen Gründe in Industrieunternehmen bei der EuF-Wahl ergeben sich aus Kostenüberlegungen (s. Abb. 3). Unterschiede bestehen jedoch zwischen Betrieben, die bereits Erfahrungen mit der Auslagerung von Leistungen gesammelt haben und dementsprechend über eine geringere Fertigungstiefe verfügen, und denen mit einer hohen Fertigungstiefe. Während erstere neben den reinen Kostenaspekten ihre Entscheidung überwiegend am Know-how des Anbieters festmachen, orientieren sich Betriebe mit hoher Fertigungstiefe stark an der Kapazitätsauslastung (Online im Internet: „URL: http://www.ebz-beratungszentrum.de/logistikseiten/ artikel/makeorbuy/html [Stand: 14.07.2008]").

Gründe für Make-or-buy in % der Nennungen

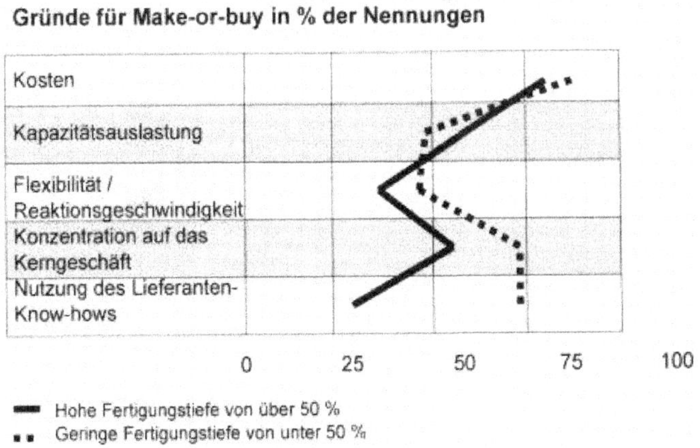

Abb. 3: Gründe für Make-or-Buy in % der Nennungen. - Quelle: Online im Internet: „URL: http://www.ebz-beratungszentrum.de/logistikseiten/artikel/makeorbuy/html [Stand:14.07.2008]".

Ein essentieller Grund für einen Fremdbezug besteht u.a. in den garantierten Service Levels. Der Outsourcing-Anbieter bietet dem Kunden ein bestimmtes Niveau an qualitativen und quantitativen Zielen an. Für das beziehende Unternehmen besteht die Möglichkeit, aus gebotenen Service-Levels einen größeren Nutzen für das Kerngeschäft zu generieren und somit seine „Total Cost of Ownership" zu senken.

Neben den preislichen Überlegungen spielen in der Unternehmenspraxis weitere Gründe wie z.B. die Konzentration auf das Kerngeschäft eine große Rolle. Die mit der Organisation der Randdienstleistung betrauten Kräfte werden von „fachfremdem Ballast" entlastet und haben mehr Zeit für wesentliche Tätigkeiten.

Desweiteren findet eine Verschlankung des Unternehmens statt, das Leistungen extern zukauft, statt sie herzustellen. Resultat daraus ist die Gewinnung strategischer Flexibilität, da keine Infrastruktur aufgebaut und Know-how-Barrieren hinter sich gelassen werden (vgl. Mayer, Söbbing 2004: 12 f.).

Für die Entscheidung von Eigenfertigung spricht, den Verlust von Entscheidungsspielräumen durch die Fremdvergabe zu vermeiden. Ein einmal durchgeführtes Outsourcing ist mittelfristig nicht irreversibel, da die nicht ursprünglich investierten Ressourcen mit den wesentlich höheren Investitionsaufwendungen neu bereitgestellt werden müssen (vgl. Mayer, Söbbing 2004: 13 f.).

Weiterhin besteht bei Eigenfertigung keine Abhängigkeit von Dienstleistern und keinerlei Gefahr hinsichtlich mangelnder Geheimhaltung von Neuentwicklungen und vorhandenem Know-how.

Betrachtet man terminliche Aspekte, so ist im Falle der Eigenfertigung eine bedeutend schnellere Reaktion bei Produktionsschwankungen durch kürzere Informations- und Organisationswege sowie direkte Weisungsbefugnis möglich (vgl. Jung 2003: 481).

5 Systematisierung der Entscheidungsfindung

5.1 Operative Make-or-Buy-Entscheidungen

Die Mehrzahl der MoB-Entscheidungen ist kurzfristiger Natur. Meist handelt es sich um situationsbedingte Bestimmungen, die aufgrund von Wirtschaftlichkeitsrechnungen oder nach Kapazitätsauslastung festgelegt werden. Situationsbezogene Betrachtungen genügen sofern die Ertragslage des Unternehmens durch Wachstum gekennzeichnet ist. Ist jedoch eine Verbesserung der Wettbewerbsfähigkeit vonnöten, so fällt diese unter die strategische Dimension. Außerordentlich repräsentativ für eine operative Entscheidung ist die Kapazitätsüberlegung. Aufträge werden extern vergeben, da die vorhandenen materiellen und personellen Ressourcen aufgrund liquider Engpässe nicht erhöht werden sollen bzw. können. Die operative Make-or-Buy-Problematik wird besonders durch konjunkturelle Entwicklungen beeinflusst. Bei konjunkturabhängigen Entscheidungen handelt es sich um Dispositionen auf kurze Sicht, bei denen von quantitativ gegebenen Kapazitäten und gegebener Betriebsbereitschaft auszugehen ist, die durch Anpassungsmaßnahmen variiert werden (vgl. Berlien 1993: 85 ff.).

Jedoch ist die Menge der Alternativen auch aus operativer Sicht endlich. Oftmals beschränken die Anzahl geeigneter Lieferanten, die Betriebsmittel, das Personal dieser Zulieferer etc. die Möglichkeiten. Die Ausarbeitung von Alternativen bildet letztendlich das

Element für Wirkungsprognosen. Auf der operativen Stufe stehen häufig die Kosten als Zielgröße im Vordergrund. Die relevanten finanziellen Belastungen der Buy-Entscheidung beziehen sich insbesondere auf Einstandspreisen basierender Materialkosten. Weiterhin kann durch den Fremdbezug bei Einkaufsaktivitäten, Wareneingang, Qualitätskontrolle sowie Lagerhaltung ein zusätzlicher Kostenverzehr entstehen. Die Kostenverursachung bei der Make-Entscheidung ergibt sich hauptsächlich durch die Fertigungsaktivitäten des betrachteten Teilprozesses, wobei neben der eigentlichen Bearbeitung auch Rüstvorgänge, innerbetriebliche Transporte sowie Instandhaltung relevant sein können. Zu guter Letzt sind für operative Wirkungsprognosen auch Zielgrößen wie Ertrags- und Gewinnziele, sofern das Absatzprogramm oder die Verkaufspreise durch eine operative Make-or-Buy-Entscheidung beeinflusst werden, zu berücksichtigen (vgl. Mikus 2001: 97 ff.).

5.2 Strategische Make-or-Buy-Entscheidungen

Die unternemensstrategische Bedeutung von Make-or-Buy wird im Praxisalltag häufig unterschätzt. Argumente wie „das haben wir schon immer selbst gemacht, das machen wir auch weiterhin selbst" sind in der Praxis nicht selten. Hinzu kommen Orientierungslosigkeit, mangelnde Sensibilität, Ressortegoismen sowie hartnäckige Make- bzw. Buy-Verteidiger aus Produktion und Einkauf durch die EuF-Entscheidungen überlagert werden. Desweiteren bleibt dabei häufig die durchschlagende strategische Dimension der MoB-Problematik unbeachtet. Die Wahl der beiden Alternativen wird beispielsweise durch den Wertschöpfungsanteil eines Unternehmens in der Wertkette bestimmt, wodurch die Arbeitsteilung zwischen Betrieben berührt wird. Kunden und Lieferanten können sich sowohl im Inland als auch in unterschiedlichen Regionen, Staaten und Kontinenten befinden was zu länderübergreifenden Wertschöpfungsverteilungen führt und damit eine makroökonomische, weltwirtschaftliche und stets unternehmensstrategische Bedeutung hat (vgl. Schneider, Pflaumer 2001: 84).

Hauptsächlich durch internationales Outsourcing können sich strategische Risiken wie höhere Gesamtkosten, Wissens- und Kompetenzverlust, Image- und Leistungsverschlechterung sowie rechtliche, kulturelle und Transportrisiken ergeben (vgl. Wenning 2006: 43 ff.).

Ausgangspunkt der strategischen MoB-Entscheidung sind die Potenziale der Unternehmen. Sie stellen die Gewinnchancen dar und steuern daher das strategische Denken. Die Entscheidung ist derart zu fällen, dass die Spezifität des Betriebs langfristig gewahrt wird (vgl. Berlien 1993: 118). Im Vordergrund strategischer Überlegungen steht dabei meist das Ziel der Gewinnmaximierung. Unter langfristiger Betrachtung dienen der Konkretisierung dieses Ziels die Größen: Kapitalwert oder Vermögensendwert. Hierzu sind Zahlungen sowie relevante Zinssätze zu prognostizieren. Im Rahmen des strategischen Make or Buy spielt die Reduzierung der Variantenvielfalt und damit die Konzentration auf Kernkompetenzen ebenfalls eine große Rolle (vgl. Mikus 2001: 97).

Angesichts der dynamischen Umweltbedingungen dürfen jedoch auch strategische MoB-Entscheidungen nicht „für die Ewigkeit" gefällt werden und müssen stets durch Plan-Ist-Vergleiche überprüft und ggf. angepasst werden (vgl. Berlien 1993: 119 f.).

5.3 Hilfsmittel zur Entscheidungsfindung

5.3.1 Make-or-Buy-Portfolio

Um die Wahl hinsichtlich der Entscheidung für Eigenerstellung oder Fremdvergabe zu erleichtern, hat sich in der Praxis u. a. das Make-or-Buy-Portfolio bewährt. Mit dessen Hilfe lässt sich die Problematik auf einfache Weise optisch darstellen (s. Abb. 4). Die Betrachtung beschränkt sich dabei auf zwei wesentliche Dimensionen: Strategische Bedeutung und Auslager-Barrieren.

Beispiel Auslagerungsbarrieren:

Schutzbedürftigkeit des Know-how, nötiges Know-how, Kosten des Personalabbaus, hoher Einarbeitungsaufwand des Lieferanten

Beispiel Strategische Bedeutung:

Wachstums-, Innovations- und Zukunftsträchtigkeit der Leistung

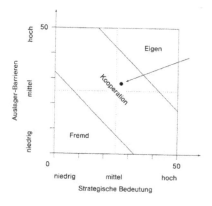

Abb. 4: Make-or-Buy-Portfolio. - Quelle: Müller, Prangenberg 1997: 47.

Im Portfolio lassen sich drei Fallkonstellationen unterscheiden, aus denen sich folgende Empfehlungen ableiten lassen (vgl. Müller, Prangenberg 1997: 47 f.).

(1) Strategische Bedeutung niedrig / Auslager-Barrieren hoch

Senkung von Barrieren, da die strategische Relevanz kaum gesteigert werden kann.

(2) Strategische Bedeutung hoch / Auslager-Barrieren niedrig

Leistungen sind durch andere leicht kopierbar. Wettbewerbsvorteile können verloren gehen. Enge Kooperationsbeziehung mit Lieferanten eingehen, damit dessen Handlungen unter Kontrolle sind und Wettbewerbsvorsprünge erhalten bleiben.

(3) Strategische Bedeutung mittel / Auslager-Barrieren mittel

Ebenfalls engere Zusammenarbeit mit dem Zulieferer. Konkrete Ausgestaltung ist im Zeitablauf möglicherweise zu ändern.

5.3.2 Punktewertverfahren

Ein weiteres Instrument zur Fundierung von Make-or-Buy-Entscheidungen ist das Punktewertverfahren. Hierdurch wird deutlich, welche Vielzahl von Einflussgrößen eine Rolle spielen. Die Zusammenfassung qualitativer und quantitativer Bewertung aus dem kaufmännischen sowie technischen Bereich ermöglicht die für die Wahl nötige Wirtschaftlichkeitsbetrachtung. Die Beurteilungskriterien werden dabei von einem Projektteam, das aus Vertretern betroffener Funktionsbereiche besteht, festgelegt. Die Gewichtung und Kriterien müssen allen Funktionären bekannt sein (vgl. Müller, Prangenberg 1997: 49 ff.).

In dieser Arbeit wird auf das Punktewertverfahren speziell anhand eines Praxisbeispiels in einem Industrieunternehmen unter Punkt 6 eingegangen.

5.3.3 Weitere Instrumente

Zusätzlich gibt es breites Spektrum an Werkzeugen, die den Wert der einzelnen Produkte für Unternehmen ermitteln und die EuF-Entscheidung erleichtern. Ausgewählte Instrumente sind (vgl. Jung 2004: 312 ff.):

- ➤ Produktanalyse
- ➤ Wertschöpfungsanalyse
- ➤ Technologieanalyse
- ➤ Nutzwertanalyse
- ➤ Analyse potenzieller Anbieter etc.

6 Praxisbeispiel Make-or-Buy im Industriebetrieb

6.1 Ausgangsszenario

Die folgenden Ausführungen beziehen sich auf die Ziegler GmbH, bei der es sich um einen mittelständischen Industriebetrieb handelt, der vorwiegend in der Sparte landwirtschaftlicher Mähmaschinen agiert.

Die Ziegler GmbH ist einer der weltweit führenden Anbieter von Rapstrennern (Online im Internet: „URL: http://www.ziegler-gmbh.com/cms/ ziegler_web.nsf/id/pa_home_zmd.html [Stand: 24.07.08]"). Ihre Produkte werden vor allem in Serienfertigung mit Losgrößen ab 200 Stück gefertigt, die vornehmlich am Standort Lettland unter deutschsprachiger Leitung produziert werden. Die Produktion erstreckt sich auf mehrstufige Fertigungsprozesse in denen eine Vielzahl von Erzeugnissen hergestellt wird, die letztendlich mit diversen Zukaufteilen verbaut und schließlich als Komplettsystem ausgeliefert werden.

Ein bisher vom Kunden beigestelltes Fremdbauteil – ein Haken für das Produkt Rapstrenner- soll nun nicht mehr durch diesen bereitgestellt, sondern durch die Firma Ziegler eigens gefertigt oder fremdbezogen werden. Grund hierfür ist der auslaufende Lieferantenvertrag zwischen dem Kunden und dessen Zulieferer. Dieser zusätzlich auftretende Bedarf führt beim dargestellten Industriebetrieb direkt zur Make-or-Buy-Problematik, indem erstmalig der Bereitstellungsweg festgelegt werden muss.

6.2 Situationsanalyse und Bewertung

Um die auftretende Eigenfertigungs- oder Fremdbezugsproblematik zu behandeln, wurde anfangs festgelegt ob es sich um eine Ad-hoc oder eine Grundsatzentscheidung handeln sollte. Aufgrund der Bedeutsamkeit fixierte man eine grundlegende Bestimmung.

K.O.-Kriterien, wie strategische Entscheidung, Gewährleistungsprobleme, Notwendigkeit von Spezialhilfsmittel oder personelle Auswirkungen waren ebenso Bestandteil der Entscheidungsfindung.

Anschließend wurde das Projekt unter dem Namen „Haken RT" (RT = Rapstrenner) gegründet und ein Projektteam festgelegt, dessen Aufgabe es war, die für das Punktewertverfahren (siehe Punkt 5.3.2) entscheidenden Beurteilungskriterien zu bestimmen und abzuarbeiten.

An erster Stelle stand die Überprüfung ob eine Eigenfertigung am Produktionsstandort Daugavpils in Lettland prinzipiell möglich ist, indem die Faktoren Produktionskapazität, finanzielle Mittel sowie das entsprechende Know-how auf Verfügbarkeit genauer betrachtet wurden. Nachdem die Voraussetzungen weitgehend zu trafen, hatte sich eine mögliche Fertigung im eigenen Unternehmen als realisierbar erwiesen.

In einem weiteren Schritt stellte sich die Schlüsselfrage des Outsourcing (Fremdbezug): die Auswahl der richtigen Lieferanten. Hierfür wurden die technischen, organisatorischen und risikoreichen Merkmale in einem Kriterienkatalog für Mindestanforderungen an Lieferanten erfasst (s. Anlage 1). Eine qualitative Bewertung dieser Kennzeichen erfolgte durch das Projektteam. In die Wertung fließen die drei Teilbereiche kaufmännische Bewertung, die mit 50 % Gewichtung den wesentlichsten Aspekt darstellt, technische, qualitative Bewertung (40 % Gewichtung) und Risikobewertung (10 % Gewichtung) mit ein.

Die Benotung der einzelnen Kriterien erfolgte von 1 bis 6 je nach Vollständigkeit bzw. Abweichung vom Optimum. Weitere Ansätze für die Bewertung wie Wettbewerbsfähigkeit, Kalkulationsfähigkeit, Existenz des Lieferanten, Korruptionsgefahr, Zollkosten sowie Kalkulationsqualität waren im Rahmen des Projektteams ebenfalls zu diskutieren.

Im Anschluss wurden die Ergebnisse mittels einer Checkliste zusammengeführt, indem die einzelnen Angebote verglichen und die Bewertungen einander gegenübergestellt wurden, um so letztlich zum Gesamturteil zu gelangen.
Liegt der endgültige Wert im Bereich von 1,00 bis 2,49, so erfüllt der Lieferant die wesentlichen Ansprüche und entspricht den gewünschten Kriterien.

Bei einem Gesamtresultat von 2,50 bis 3,99 sind akzeptable Abweichungen vorhanden, die noch zu einem Gutbefund führen, während bei einer Benotung von 4,00 bis 6,00 eine kritische Abweichung existiert. Bei Vorliegen der Note 6 ist der Lieferant schließlich als unbrauchbar einzustufen.

Projekt: Haken RT	Firma / Anbieter	Eigenfertigung Daugavpils	Sun Trade GmbH	USD Formteiltechnik GmbH
	Angebot vom	4. Mai 2008	18. Mai 2008	4. Mai 2008
Laufzeit: 6	Anmerkungen		CIF	Mindestbestellmenge: 20000
Jahresbedarf: 10.000	Lieferzeit Teile	5 Wochen	60 Tage nach Musterfreigabe	15-16 Wochen nach Musterfreigabe
	Lieferkonditionen	ab Werk	ab Werk	frei Haus
	Verpackungskonditionen	keine		nach Absprache
	Zahlungsbed. Werkzeuge	keine		sofort nach Musterfreigabe
	Zahlungsbed. Teile	keine	30 Tage netto	30 Tage netto

Pos.	Bezeichnung	Stücklisten-menge	Menge p.a.	Teilepreis pro 100	WKZ - Kosten	Lifetime-kosten	Teilepreis pro 100	WKZ - Kosten	Lifetime-kosten	Teilepreis pro 100	WKZ - Kosten	Lifetime-kosten
1	Haken CL06263460			98,00 €	0 €	58.800 €	43,00 €	600 €	26.400 €	19,00 €	880 €	12.280 €
	aus Stahlblech	1	10.000									
	Bemerkung:						Fracht für Muster zahlt Ziegler					
	Gesamtsumme:					58.800 €			26.400 €			12.280 €

KAUFMÄNNISCHE BEWERTUNG (Gewichtung 50%)			
Terminrealisierung (15%)	2	3	3
Preis (50%)	5	3	1
Konditionen (10%)	3	3	2
Verträge / Doku (15%)	3	4	3
Logistik (10%)	3	3	3
SUMME:	3,85	3,15	1,90

TECHNISCHE / QUALITATIVE BEWERTUNG (Gewichtung 40%)			
Technische Lösung (45%)	5	4	3
Datentransfer (10%)	2	3	3
Zertifizierung (35%)	2	5	3
Referenzen / Audit (10%)	2	5	3
SUMME:	3,35	4,35	3,00

RISIKO Bewertung (Gewichtung 10%)			
Sprache (33%)	2	3	1
Standort (33%)	2	4	4
Betreuungsaufwand (34%)	2	3	2
SUMME:	2,00	3,33	2,33

Gesamtbewertung (100%)	3,47	3,65	2,38

In obiger Tabelle wird die Eigenfertigung des Hakens innerhalb der Ziegler-Gruppe gegenüber zwei externen potenziellen Lieferanten dargestellt. Anhand der Anwendung des Punktewertverfahrens und unter Berücksichtigung des Kriterienkatalogs aus Anlage 1 hat sich das Projektteam gegen die Eigenfertigung und für den Zulieferer USD Formteiltechnik GmbH entschieden.

Mit der Gesamtnote 2,38 sind die Abweichungen in Bezug auf die kaufmännischen und technisch-qualitativ Kriterien sowie der Risiken durchaus akzeptabel. Nicht nur der günstigste Einkaufspreis, sondern auch eine Fülle von weiteren Konditionen entspricht weitgehend den gewünschten Mindestanforderungen der Ziegler GmbH und war ausschlaggebend für die Wahl.

7 Schlussbetrachtung und Fazit

Zusammenfassend lässt sich sagen, dass es aufgrund vieler Einflussfaktoren, unterschiedlicher Ausgangssituationen und individueller Unternehmensanlässe kein Pauschalrezept für die Entscheidung „Make or Buy" gibt. Aus einer Fülle von Indikatoren muss der Entscheidungsträger die für seine wirtschaftliche und politische Situation optimale Lösung auswählen. Er muss sich dabei im Klaren sein, dass es eine hundertprozentig richtige Lösung nicht geben kann, insbesondere nicht unter stetig ändernden Rahmenbedingungen. Eine einmal gewählte Alternative muss permanent auf Aktualität überprüft und ggf. revidiert werden. Ohne ständige Kontrolle besteht die Gefahr, dass sich maßgebliche Einflussfaktoren zum Nachteil der Unternehmung entwickeln könnten. Nur durch eine regelmäßige Überprüfung der Strategie lassen sich Tendenzen frühzeitig erkennen.

Besonders die Make-or-Buy-Frage befindet sich angesichts der Globalisierung der Märkte, erhöhter Dynamik und Unsicherheit in der Umwelt in einer Phase der Umorientierung. Kernpunkt der Überlegungen ist die Neuordnung von Schlüssel-Know-how und standardisierten Vorprodukten. Es zeichnet sich eine Tendenz ab, alle Bereiche, die nicht unmittelbar der innovativen Unternehmensleistung zuzuordnen sind, extern zu vergeben. Die Neubewertung der MoB-Fragen führt damit zu einer Verlagerung von der operativen zur strategischen Entscheidungsebene. Dadurch gewinnt das strategische Controlling immer mehr an Bedeutung um langfristig Wettbewerbsvorteile zu stärken und letztendlich die Existenz der Unternehmung zu sichern.

Quellenverzeichnis

Berlien, O. (1993): Controlling von Make-or-Buy: Konzepte und Möglichkeiten der strategischen Unternehmensführung. Ludwigsburg, Berlin: Wissenschaft und Praxis.

Brem, A. (2007): Make-or-Buy-Entscheidungen im strategischen Technologiemanagement: Kriterien, Modelle und Entscheidungsfindung. Saarbrücken: VDM.

EBZ-Beratungszentrum (2008): Online im Internet: „URL: http://www.ebz-beratungszentrum.de/logistikseiten/artikel/makeorbuy/html [Stand: 14.07.2008]".

Jung, H. (2004): Allgemeine Betriebswirtschaftslehre. 9., überarb. Aufl., Mün-chen: Oldenbourg.

Jung, H. (2003): Controlling. München: Oldenbourg.

Lachnit, L. et al. (1998): Zukunftsfähiges Controlling: Konzeptionen, Umsetzungen, Praxiserfahrungen. München: Vahlen.

Männel, W. (1981): Eigenfertigung und Fremdbezug. 2., überarb. Aufl., Stuttgart: Poeschel.

Männel, W. (1973): Entscheidungen zwischen Eigenfertigung und Fremdbezug in der Praxis. Herne, Berlin: NWB.

Mayer, A.; Söbbing, T. (2004): Outsourcing leicht gemacht: Muss man denn alles selber machen?. Frankfurt, Wien: Ueberreuter.

Mikus, B. (2001): Make-or-buy-Entscheidungen: Führungsprozesse, Risikomanagement und Modellanalysen. 2., Aufl., Chemnitz: GUC.

Müller, H.; Prangenberg A. (1997): Outsourcing-Management: Handlungsspielräume bei Ausgliederung und Fremdvergabe. Köln: Bund.

Niebling, J. (2006): Outsourcing. Bd. 219: Rechtsfragen und Vertragsgestaltung. 3., überarb. Aufl., Stuttgart: Boorberg.

Olfert, K. (2003): Kostenrechnung. 13., Aufl., Ludwigshafen: Kiehl.

Schneider, D.; Pflaumer, P. (2001): Power Tools: Management-, Beratungs- und Controllinginstrumente. Wiesbaden: Gabler.

Wenning, P. (2006): Internationales Outsourcing in der Praxis: Motivation – Konzepte – Risiken. Saarbrücken: VDM.

Ziegler GmbH (2008): Online im Internet: „URL: http://www.ziegler-gmbh.com/cms/ziegler_web.nsf/id/pa_home_zmd.html [Stand: 24.07.08]".